El doble alma de los Estados Unidos:

El partido demócrata está entregado a satanás

Enrique de Diego

Prólogo de Mike Sala

Prólogo: La lucha del Bien contra el mal

La llegada de los peregrinos a las costas de Massachusetts en 1620, tras una peligrosa singladura de dos meses y cinco días desde Plymouth, supuso el inicio de una era crucial y de enorme importancia en la historia de la humanidad.

Aquellos poco más de cien pioneros peregrinos, que abandonaban Europa buscando en Nueva Inglaterra una tierra donde poder establecerse en libertad de conciencia y de culto buscando prosperidad espiritual y material bajo la guía de Dios mediante la Biblia, fueron el germen de una nación que, con muchas luces y no menos sombras, acabaría por ser una referencia definitiva no solo para lo que solemos llamar occidente; también, de un modo u otro, para la práctica totalidad de naciones del mundo.

¿Pero, qué es lo que ha propiciado que Estados Unidos ocupe su lugar eminente en la civilización actual? Precisamente los principios bajo los que fueron fundados como nación tras la guerra de independencia contra la corona británica. Mientras las naciones europeas vivían bajo el yugo de monarquías e instituciones políticas y religiosas absolutistas y dictatoriales, aquellas primeras trece colonias de ultramar iban fortaleciendo un espíritu libertario que acabaría por cristalizar en la nación federal surgida tras la consecución de su independencia. A través del tiempo, a pesar de los continuos intentos de perversión, por parte de los poderes fácticos, de los principios fundacionales que figuran en la constitución de los Estados Unidos, una gran parte del pueblo americano, cierto que en unos estados más que en otros, ha conservado el modo de vida del "espíritu americano" que hace que, aún hoy día, en medio de una amenazante convulsión social y política sin precedentes, Estados Unidos siga siendo tierra de libertad y oportunidades

Durante los dos últimos años de planificada ingeniería social globalista por parte de las élites, una parte significativa del pueblo americano ha hecho gala del espíritu libertario que anida en su corazón. La revocación de la satánica sentencia abortista Roe Vs Wade, la lucha sin cuartel contra los degenerados movimientos y asociaciones que tratan de pervertir sexualmente a niños y jóvenes desde el inicio de sus vidas, la determinación de enfrentarse arma en mano a las bandas de saqueadores que hallan refugio ideológico en movimientos raciales fascistoides y comunistas afines al Partido Demócrata, la contestación contra el poder que pretende arrebatar al pueblo sus armas de fuego y su capacidad de autodefensa, la resistencia ante la tiranía Covid cuyo resultado de muerte está a la vista de todos y el desenmascaramiento de la falacia del cambio climático, han sido mucho más profundas que en otras naciones cuyos pueblos también han resistido a semejantes ataques a la verdad y la libertad. En América hay reserva cristiana y moral, generalmente localizada en aquellos estados que conforman el "cinturón de la Biblia" y el "corredor mormón", junto a otros estados de tradición republicana y conservadora cristiana, varios de ellos localizados en el medio oeste. Dicho fenómeno no se da en ninguna otra nación occidental, donde también puede haber resistencia pero sin apenas base de fe y de libertad individual necesarias para orquestar un espontáneo sentimiento nacional y espiritual tan compacto como para oponerse con éxito a las mencionadas maniobras que conforman la estrategia de dominación y exterminio de la agenda globalista. Estados Unidos es el mejor y peor ejemplo de todo lo anteriormente descrito. Es la nación en la que élites inmensamente poderosas trabajan para el Mal. Es la nación donde confesiones religiosas, comunidades y estados se levantan a una para defender y conservar el Bien. Es una nación con doble alma.

Este libro de Enrique de Diego es mucho más que un rápido repaso a la historia de Estados Unidos y un breve análisis a una serie de sucesos actuales absolutamente importantes para nuestro presente y futuro. **El doble alma de Estados Unidos** es una acertada exposición que hará reflexionar al lector respecto a lo que ha estado sucediendo durante las pasadas décadas y cómo las diferentes líneas maestras de la agenda globalista convergen en un mismo fin que es la dominación y exterminio de gran parte de la población mundial a favor de unas élites que dominan los ámbitos políticos, religiosos y sociales de la gran mayoría de las naciones.

El doble alma de Estados Unidos se presenta en el momento más oportuno. Apenas unos años atrás, cuando prácticamente nadie se planteaba la existencia de grandes poderes cuyas intenciones pasaban por arruinar la salud, la economía, la moral y cualquier otro principio correcto que pudiera ayudar a edificar sociedades dignas y justas, este libro habría sido catalogado de "conspiranoico" no solo por los medios, los periodistas, los comunicadores y cualesquiera otros siervos del sistema; también una mayoría de lectores habría tachado de loco al autor.

Sin embargo hoy, con la perspectiva adquirida tras una plandemia diseñada para llevar al mundo hacia el abismo, con una devastadora crisis económica en ciernes, con una guerra desatada a las puertas de Europa por los mismos responsables de haber matado a millones durante los pasados años de pesadilla Covid, con la imposición de ideologías que atentan especialmente contra la familia, la vida y la integridad de los niños nacidos y no nacidos, de los adolescentes y de los ancianos, con el engaño del cambio climático convertido en doctrina y con una censura férrea que trata de mantener ignorante a la población, libros como **El doble alma de**

Estados Unidos cobra sentido y coherencia. El peligro que se cierne sobre nuestras sociedades y modo de vida es real y cada día que pasa muestra más claramente su abyecto rostro. Los oscuros objetivos de la agenda globalista impulsada por supuestos filántropos, y por poderes religiosos, sociales y económicos infiltrados de satanismo, no persiguen otra cosa que alienar al ser humano del modo más nefasto y con las consecuencias más terribles que hasta ahora haya podido vivir la humanidad. Estamos en una guerra total entre las élites y el pueblo en todo el mundo. Todo parece precipitarse ante nuestros ojos. La agenda globalista ya no nos concede respiro entre una tragedia planificada y la siguiente. Pero buena parte del pueblo resiste. Por eso las élites de la agenda globalista entienden que baluartes como Estados Unidos deben ser atacados con mayor saña y en todos los frentes posibles. Las élites saben que, si Estados Unidos cae, el resto de la resistencia caerá también. Este y no otro es el motivo del ataque continuado y la guerra desatada por toda aquella nación desde hace décadas; y esta obra de Enrique de Diego, **El doble alma de Estados Unidos**, ayudará al lector a comprender mejor la magnitud del momento actual que estamos viviendo.

Mike Sala

Entre la religión y la codicia

"Este suelo se ha cansado de sus habitantes hasta el punto de que el hombre, la más preciosa de todas las criaturas es aquí más vil y abyecto que la tierra que pisa. Hemos llegado al más alto grado de intemperancia cultivando todo tipo de excesos. Las fuentes del conocimiento y la religión se han corrompido. La mayoría de los niños, incluso los más inteligentes y aquellos de quienes más se puede esperar, están pervertidos, corrompidos y profundamente abrumados por la multitud de malos ejemplos y el licencioso gobierno de sus escuelas".

Este diagnóstico sobre los Estados Unidos podría predicarse a la otrora Patria de la Libertad y a su intensa y profunda decadencia, pero su autor es John Winthrop y se encuentra en su obra General Observations for the Plantation of New England (Observaciones generales acerca de la colonización de Nueva Inglaterra). John Winthrop fue el líder moral de los puritanos del Mayflower, un viejo carguero que solía transportar barriles de vino clarete de Burdeos a Londres y que había sido arrendado por un grupo de calvinistas ingleses. Y fue John Winthrop el que organizó y comandó en 1630 el contingente más importante llamado a fundar una nueva colonia que, andando el tiempo, constituiría los Estados Unidos de Norteamérica.

Tras muchas vicisitudes y diversas expediciones marcadas por la codicia, que naufragaron en el fracaso o la piratería, dando lugar a la desparecida colonia de Roanoke, que se pierde en el misterio, exterminada por los indios, fue el impulso religioso el que dio la fuerza y la constancia para echar cimientos firmes al embrión de lo que luego sería una gran nación. Inconformistas religiosos, huyendo de la corrupción de la iglesia de Inglaterra, fueron los que fundaron, lo que John Winthrop, sintetizó en una frase sorprendente y visionaria, cual nuevo Moisés en el Éxodo: "debemos considerar que seremos como una ciudad sobre una colina, los ojos de todo el mundo nos miran".

John Harvard

No eran iletrados sino que buscaron desde el primer momento asegurar la educación de sus vástagos, formándolos en la ortodoxia evangélica y en los principios morales de la Biblia. Ese fue el sentido con el que en 1636, con el que el reverendo John Harvard hizo su legación testamentaria, que dio lugar a la famosa Universidad, bien alejada de sus principios fundacionales: proporcionar levas de clérigos bien formados. Y ese el sentido también de la fundación de Yale por Elihu Yale, un erudito proveniente de una saga de piadosos puritanos que había emigrado de Boston por considerarla corrompida.

Casi un siglo después, otro puritano, Cotton Mather reconoció que el tiempo había actuado en su contra y que la religión que los puritanos habían llevado a Norteamérica estaba cambiando hasta un punto que era difícil reconocerla. En 1702, publicó su obra más importante, Magnalia Christi America en donde sentenció que "la religión dio a luz a la prosperidad, y la hija destruyó a la madre". Notable diferenciación pues no olvidemos que los puritanos eran calvinistas y consideraban que en el justo la consecución de bienes terrenales, fruto de su trabajo y su esfuerzo, eran una manifestación de la predilección de Dios.

No era una diferencia entre la prosperidad y la religión, por tanto, sino entre la acumulación de bienes sin ética, sin orden natural. Esa dicotomía no ha hecho otra cosa que crecer y abrir un abismo en una Estados Unidos cada vez más polarizado; o entre un Estados Unidos, esa ciudad en la colina, que vive según los diez mandamientos y en el que la Palabra de Dios y el orden natural rige sus vidas y tienden a ser libertarianos, dispuestos a defender su libertad y la seguridad de su hogar y la tranquilidad de su comunidad con las armas; y un ente amorfo, de tendencia globalista, que considera al hombre autónomo de toda norma moral, poscristiano, diverso, trans, adoctrinador , esclavista, abortista, maltusiano, que ha llegado por la mentira irrestricta hasta el genocidio infamante con las timo vacunas. Ambos Estados Unidos no pueden convivir. No es una sociedad dual, pues una parte ha renegado de los principios fundacionales y los odia soñando distópicamente en un gobierno mundial. Es una sociedad confrontada y en conflicto a punto de estallar y es bueno que estalle.

Pero no adelantemos acontecimientos. Ese ambiente de los Padres Peregrinos, y en buena medida de los Padres Fundadores, rebrotó con fuerza en el Oeste de las carretas y los duelos. Fue el Gran Despertar. En torno a 1740 se produjo una generación de predicadores itinerantes que recorrían las fronteras predicando a los humildes, fue un movimiento espiritual de enorme alcance, que preparó emocionalmente a los norteamericanos para la Revolución y la Independencia. El patriotismo se fundió con el cristianismo no confesional y con la libertad. La Primera Enmienda rechaza específicamente la constitución de una Iglesia nacional y prohíbe al Congreso aprobar "cualquier ley concerniente a la instauración de una religión o que prohíba, en consecuencia, el libre ejercicio de un culto".

El Segundo Gran Despertar, que comenzó en la década de 1790 y se desarrolló de nuevo en la frontera. fue llevado a cabo por evangelistas viajeros que realizaban encuentros multitudinarios encuentros al aire libre. En ese ambiente nacieron los adventistas y la Iglesia de Jesucristo o de los santos de los últimos días, conocidos como los mormones, que tras un éxodo épico, recorriendo planicies y montañas, entre 1846 y 1847, llegaron a Salt Lake City y dieron lugar al estado de Utah que ha sido uno de los más ricos, mejor educados y más observantes de la Ley.

Se conformó así el Medio Oeste, la región de las praderas y las Montañas Rocosas, como los estados de espíritu libertariano y fe en Dios y en la Patria; el llamado Círculo de la Biblia. En frente, estaban los intelectuales de la Costa Este y la ciudad del pecado, que por una extraña ironía, se llama San Francisco. Ambas han tenido una dialéctica de confrontación, la de los intelectuales ha minusvalorado a la otra, se ha situado en una posición de adoctrinamiento, pero parecían las fuerzas contrapuestas de una gran nación, hasta que la de las costas, la de las élites, la de las Universidades de élite y Silicon Valley han decidido doblegar a la otra, y en pleno sentido exterminarla, utilizando como instrumento a un corrompido Partido Demócrata, y a buena parte del Republicano, produciendo una inversión del sentido común, rompiendo la cohesión social en aras de la diversidad, y del sentido moral corrompiendo a los niños mediante el adoctrinamiento en la escuela, en todo desorden moral es promovido.

Los dos Estados Unidos se ahormaban en el concreto del imperio de la Ley y en la república, en el gobierno para el pueblo, por el pueblo, del pueblo, de Jefferson y Abraham Lincoln, pero el partido demócrata decidió provocar, dentro de su pulsión totalitaria y genocida, un fraude electoral colosal en los comicios de 2020, e imponer su agenda a golpe de mandatos por un viejo sobón y chocho, con graves lagunas y carencias, el más tonto y corrupto que encontraron, y el Estados Unidos, el auténtico, pues el otro es irreconocible, ha resistido a los embates enloquecidos y genocidas y ahora está pasando a la contraofensiva, en una regeneración de la nación y un rearme moral.

De la patraña del evolucionismo hacia el darwinismo social

Estados Unidos, como Patria de la Libertad, se configuró en torno al crisol de razas, el melting pot, de esa forma fue asimilando gran cantidad de emigrantes, sobre tres ejes: el inglés como lengua, el patriotismo como concreto, simbolizado en el respeto al himno y la bandera, y el ristianismo. Hay un claro momento en que las dos almas de Estados Unidos, o la América en alma, se bifurcan y distancian. Fue en la agria polémica entre creacionismo y evolucionismo, o en la forma que debía enseñarse en las escuelas, como una teoría más, una hipótesis, bastante falaz, por cierto, o como un dogma.

Cuando en Tennessee entró en vigor una ley de prohibía a los maestros de las escuelas públicas enseñar la evolución darwiniana a los niños, la Unión Norteamericana para las Libertades Civiles litigó. Se enfrentaron el portavoz del Medio Oeste, William Jennings Bryan, y en tropel la prensa y los "intelectuales" de la costa Este, lectores de The Education of Henry Adams, autobiografía póstuma del arquetípico mandarín de Boston, publicada en 1918 y hasta entrados de 1920 fue el libro de no ficción más popular de Estados Unidos. En él se criticaba la "norteamericanización" para proponer lo que Adams denominaba "multidiversidad". Criticaba el crisol de razas porque entendía que pretendía hacer a todos anglosajones y que debían perseguir "el ideal más aventurero" del cosmopolitismo (hoy diríamos del globalismo) y convertirse en "la primera nación internacional".

La arrogancia de los "intelectuales" que consideraban que tenían "el monopolio del oxígeno existente en el continente norteamericano" la emprendieron contra William Jennings Bryan ofreciendo una caricatura de él y de sus posiciones. Fue de las más claras operaciones de manipulación en gran escala. Bryan, demócrata de Illinois, un pacifista que había dimitido de secretario de Estado con la entrada de Estados Unidos en la primera guerra mundial, había luchado por el sufragio femenino, y por todas las causas auténticamente progresistas, fue presentado como un patán reaccionario cuando intentó impedir que el evolucionismo fuera enseñado como un dogma, y no cono una hipótesis, y se debilitarán las enseñanzas religiosas, que debían ser atendidos los derechos de los padres. Bryan ganó el juicio pero la prensa se encargó de crucificarlo.

El evolucionismo darwinista se ha enseñado desde entonces como dogma, a pesar de ser una patraña imaginativa de ciencia ficción de modo que de la ameba se llega al hombre, no se sabe porqué, porque en la naturaleza no hay ninguna evidencia de ello, no se dan saltos en la creación de órganos, y la última patraña, de mutaciones con miles de años para poder darse, chocan con la evidencia de que todas las mutaciones son regresivas y no perviven. Este cuento de brujas se convirtió en la enseña de los "intelectuales", en dogma de las escuelas, de forma que generaciones han aprendido a "creer" en la evolución. Se impuso así una dictadura en la escuelas que se ha ido agrandando como ataque a la religión y a toda normativa moral, sustituida por una nueva religión, nueva inquisición y nuevos dogmas, constituidos por clichés posmodernos, con anatemas laicos muy persistentes, contra todo lo que ha significado Estados Unidos.

En su momento, el filósofo John Dewey supo ver que ello conllevaría la destrucción de la nación y frente a la fatua arrogancia de sus padres, explicó que Bryan hablaba en nombre de algunos de los mejores y más esenciales elementos de la sociedad norteamericana, de "las clases que asisten a la iglesia, las que se encuentran bajo el cristianismo evangélico. Estas personas son las columna vertebral del interés social filantrópico, de la reforma social mediante la acción política, del pacifismo, de la educación popular. Engloban y expresan el espíritu de cordial buena voluntad hacia las clases que se encuentran en situación económica desventajosa y hacia otras naciones, sobre todo cuando éstas muestran cierta disposición a la forma republicana de gobierno. El Oeste Medio, la región de la pradera, ha sido el centro de la filosofía social activa y el progresismo político; como creen en la educación y en las mejores oportunidades para sus propios hijos. Han sido la misma gente que respondió a los llamamientos a favor del trato justo y la más cabal equiparación de oportunidades para todos. Siguió a Lincoln en la abolición de la esclavitud y siguió a Roosevelt en su ataque contra las 'malas' corporaciones y las acumulaciones de riqueza. Ha sido el centro en todo el sentido de la palabra y en todos los movimientos".

Esta dictadura ideológica se puso de manifiesto en la década de 1970, cuando la Corte Suprema en el caso "Roe vs Wide" resolvió (por siete contra dos) que la opción de elegir un aborto durante el primer trimestre del embarazo era un privilegio constitucional fundamental, lo que mediante una falacia jurídica, implicaba que las leyes de los Estados eran nulas. Esta decisión va a ser revertida en un acto regenerador, fundamental para la supervivencia de Estados Unidos como nación y para la supervivencia de la especie. Esperemos que así sea.

En la década de los 90, tras la caída del Muro de Berlín, las universidades de élite empezaron a militar con fervor creciente y tiranía superlativa en el relativismo y decretaron la llegada de la posmodernidad, nimbada del concepto disgregador de diversidad, en lenguaje inclusivo y la ideología de género. El origen de la eliminación del marxismo, que ya era un relativismo, fue que como el materialismo dialéctico que se pretendía científico se había demostrado en la praxis falso entonces la verdad había dejado de existir y habíamos entrado en la posmodernidad, donde todo valía y los viejos valores de verdad y mentira estaban periclitados. El yavalismo se entronizó como el dogma y la mentira dominó como nunca lo había hecho, el desorden moral y la trasgresión tratan de imponerse como la norma con una intolerancia sañuda y nuevos pecados, como la homofobia y el racismo sistémico, ocupan el centro del escenario.

Recuerdo una conversación con un amigo mío que venía de viaje a Estados Unidos cuando me comentó el nuevo estilo semántico, me parecieron delirantes ocurrencias. Ahora se ha llegado a la ideología de género enloquecida y al sistema woke. El Estados Unidos cristiano y libertariano está reaccionando. Pues las nuevas y abracadabrantes patrañas, surgidas en las universidades de élite, impuestas por los maestros imbuidos de los nuevos dogmas destructivos, el gobernador de Florida, Ron DeSantis ha prohibido su difusión en las escuelas y ante la posición agresiva de Disney ha terminado con los privilegios de autonomía en Orlando, lo que ha representado una caída significativa de las acciones, una buena parte de las cuales son del malo George Soros. Netflix, que ha apostado por este delirio de manera asquerosa, se ha hundido y sólo espera el tiro de gracia. El Estados Unidos cristiano, que parecía dormido, ha salido de su letargo y ha iniciado la contraofensiva marcada por el éxito, con la convicción de que el objetivo satánico es la corrupción de los niños desde la más tierna infancia y la legalización de la pederastia con la que sueñan estos degenerados.

El último episodio, dentro de la lógica diabólica del darwinismo social, ha sido la mentira de la timo vacunazión; engaño genocida con el que se pretende, a tenor de tesis maltusianas reeditadas bajo la pulsión falaz del timo climático. El Estados Unidos cristiano y libertariano ha resistido corajudamente y no ha cedido a la mentira de Anthony Fauci y Bill Gates.

La propuesta del exterminio del hombre blanco, monopolista del pecado original

Dos Estados Unidos conviven en un mismo territorio, uno ha alcanzado cotas de degeneración que dejan en ridículo a Sodoma y Gomorra, otro sigue teniendo a Dios, la Biblia y la Patria como el centro de su vida. El primero es sumamente intolerante y trata de infectar al otro con sus detritus morales y apabullarlo con sus dogmas de medio pelo y sus anatemas, que es preciso tomárselos en serio a la carrera. El otro defiende el derecho a la vida, a la propiedad privada, a la libertad y a defenderlos con el derecho a portar armas; el otro vive obsesionado con desarmarle para imponer sus criterios depravados que exhibe con una falsa superioridad moral. El uno no es ya Estados Unidos, no es la Patria de la Libertad, abomina de sus principios fundacionales, para instaruar un nuevo orden mundial, una tiranía atroz edificada sobre levas de ociosos mediante el asistencialismo.

Ese Estados Unidos degenerado, que tiene sus epicentros en California, que llegó a ser la 5ª potencia económica mundial, en Nueva York, en Massachusets, Maryland, en las dos zonas costeras, ha dado un paso más y ha procurado imponer sus delirantes criterios, sin fundamentación racional alguna, en la escuela, que ha sido utilizada para el adoctrinamiento y la corrupción moral de los niños. Con la ideología de género la propuesta de la sodomía universal ha sido superada por el feminismo queer y el movimiento trans, diversas modalidad con las que se pretende subvertir el orden natural de las cosas, generar una confusión sobre la propia sexualidad y destruir la familia y la natalidad.

Este movimiento que ha infectado al Partido Demócrata, irreconocible para su fundador. Andrew Jackson, hasta parecer un conglomerado caótico de ideas luciferinas, en las que están las élites, lo que Ludwig von Mises llamó el "comunismo de Broadway", los que tratan de legitimar su fortuna tan fácilmente conseguida merced al mercado con sus posturas radicales, como es el caso de Leonardo Dicaprio.

Pero ahora su propuesta no debe tomarse como una ocurrencia, o una distorsión de la historia y la realidad, sino como la estricta propuesta del exterminio del hombre blanco, heterosexual y cristiano. Las bases teóricas aniquiladoras reciben el hombre de "teoría crítica de la raza" y tiene su instrumento en Black Lives Matter y su simbología en el saludo arrodillados, humillación máxima. En sentido teológico, lo que predica la "teoría crítica de la raza" es el monopolio del pecado original por el hombre blanco, de forma que su naturaleza está corrompida, de una manera indeleble, imperdonable, es el causante de todos los males y tiene un "racismo sistémico", del que no se puede desprender. Por contra, todas las minorías étnicas en que ha sido compartimentada la sociedad americana carecen de pecado original, son angelicales y víctimas propiciatorias, contra la evidencia, de ese mal que anida en el malvado intrínsecamente hombre blanco, que debe ser exterminado o a fuerza de autoflagelación debería recurrir al suicidio colectivo.

En ese reino de Satán que es California, que se va hundiendo en el cenagal, donde George Soros ha sembrado a manos llenas la cizaña hasta en los fiscales de distrito, estos semejan más amigos de los delincuentes que protectores de los derechos de los ciudadanos, sobre todo cuando media el prejuicio racial.

Ciertamente, Estados Unidos tuvo una guerra civil muy cruenta para eliminar la esclavitud, que era practicada por los negros, unas tribus contra otras, y por los árabes, y que era considerada normal, hasta que diversas tendencias cristianas se opusieron e iniciaron el movimiento abolicionista. Abraham Lincoln estaba horrorizado con que la esclavitud infectara toda la Unión y previó diversas acciones para devolver los negros a África, pero todas fueron un fracaso. Una expedición a República Dominicana sólo cosechó 1,170 voluntarios, lo mismo sucedió en los contingentes a Liberia, que a nadie se le ocurrirá citarlo como un ejemplo exitoso. Los blancos derramaron abundante y generosamente su sangre en esa lucha.

Hoy, con casos aislados que luchan mediante el mérito, la comunidad negra ha sufrido un deterioro brutal en sus parámetros morales. En 1960 el porcentaje de hijos ilegítimos entre los negros era del 24%, en 1991 la ilegitimidad dio el salto hasta el 68%. En ciertas partes, como en Washington superaba el 90%. Los negros como comunidad aparecen dedicados al asistencialismo, practicado por el diabólico Partido Demócrata como compraventa del voto, y que repugna a las bases libertarias de Estados Unidos, supuestamente otrora tierra de oportunidades para abrise camino por si mismo mediante el esfuerzo. Execrado el crisol de razas, los negros han ido agrupándose en sus barrios, donde se practica el racismo más atroz, y donde un blanco no puede, a riesgo de su vida, internarse. Lo propio sucede con ciertas comunidades latinas, como los puertorriqueños, asistencialistas.

El peligro genocida que incuba la denominada "teoría crítica de la raza" ha empezado a ser combatida sin medias tintas por el gobernador de Florida, Ron DeSantis, que la ha prohibido en las escuelas y en los libros de texto; un ejemplo que debían seguir con la máxima urgencia la mayoría de Estados que no aspiren a superar a Sodoma y Gomorra, por mero instinto de supervivencia. La sustitución étnica de la raza blanca se esconde bajo la ideología woke, que no debe ser tomada a broma.

Ironías luciferinas, colosal fraude electoral, Biden, el demente corrupto

A veces, satán se manifiesta mediante gloriosas ironías para que se vea que es él quien actúa: es el caso de Joe Biden, un personaje abyecto, patibulario, un pederasta con groseras acusaciones de su hija que realizaba con ella actos impropios, que no se puede ver quieto cuando ve un niño sino que le soba y corrupto a más no poder, con su hijo Hunter, otro personaje deleznable, moralmente inferior, cuyo ordenador personal contiene fotos de pederastia y señales de su elevada corrupción en Ucrania, que fue capaz de acostarse con la mujer de su hermano muerte en pleno velatorio. Los Biden, todo un dechado de vicios a la luz del día, al que los medios le blanquean sus constantes meteduras de pata, se niegan a investigar su patente corrupción y cubren con un cada vez menos espeso manto sus ridiculeces.

Parece mentira que bajo ha caído Estados Unidos y la presidencia. Todo ha sido a causa de un colosal fraude electoral. Donald Trump ganó, inesperadamente, a la satánica Hillary Clinton, la elegida por las élites, una mujer complaciente con Bill, amigo de Jeffrey Epstein, el pederasta suicida. Entonces los medios se conjuraron con los pretendidos amos del mundo que Trump sería un paréntesis, que no podría, en ningún caso, ganar las elecciones para un segundo mandato. Varios Estados modificaron sus normas electorales para facilitar el fraude y contrataron a la empresa Dominion, una excrecencia chavista especializada en fraudes.

Tras una tenaz oposición mediática, que presentó a un exitoso Donald Trump en un parodia de sí mismo, con llamadas del Partido Demócrata a ejercer el voto por correo, a fin de propiciar el tongo, con los sondeos disparados a favor de un Joe Biden que en los debates electorales tuvo que ser recogido por los moderadores, dados sus numerosos ataques de histeria, cuando Trump osó sacar la corrupción familiar de su hijo Hunter, se propició el más escandaloso fraude electoral de la historia, en el que participaron tanto la cloaca ponzoñosa en que ha degenerado el Partido Demócrata como la corrupción del Partido Republicano, en el que los casos de los gobernadores de Georgia y Wisconsin están bajo sospecha. Todos los contrapoderes del modelo político norteamericano fallaron estrepitosamente, para poner al degenerado Biden en la Casa Blanca.

Trump que definió bien a sus enemigos como el "Estado profundo" y el "pantano", sin embargo, no hizo nada o muy poco para desactivarlos, Fue lo que sucedió con el genocida Anthony Fauci, quien, a decir del Doctor Vladimir Zelenko, y el presidente del Partido Republicano de Oklahoma, John Bennet, debe ser juzgado y puesto de inmediato ante un pelotón de fusilamiento, con los directivos de la FDA y de los CDC. Biden evidenció el payaso pelele que es estableciendo como mandatos la timo vacunación criminal y el uso inapropiado de mascarillas, en una atroz mascarada, que debe pagar tras un juicio justo.

Las elecciones del 11 de noviembre se presentan como los comicios en los que el Partido Demócrata y Joe Biden paguen su fraude electoral y su presidencia de opereta. La ironía luciferina se va a acabar.

Jugando a la ingería social corruptora y pederasta con nuestros hijos

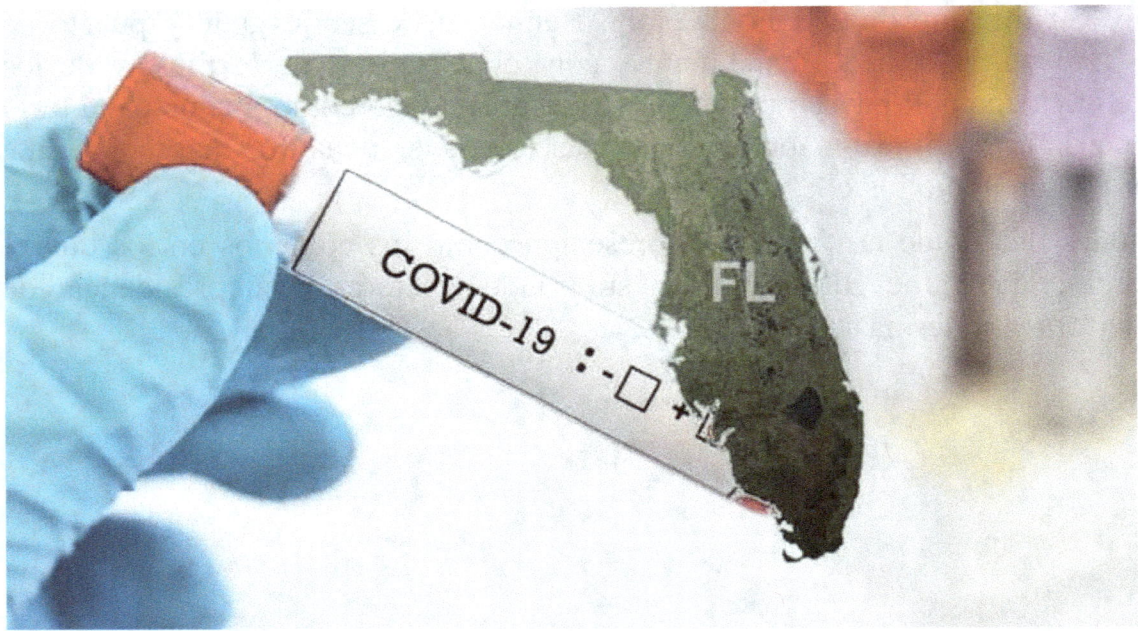

La doble alma, una satánica y asistencialista, conspirando para el exterminio del hombre blanco, tiene su paradigma en California; otra cristiana, libertariana, que apuesta por el crisol de razas, tiene su paradigma en Florida. California practica la multidiversidad, mientras Florida ejerce el crisol de razas. California llegó a ser la quinta potencia mundial cuando era gobernador Ronald Reagan, pero desde entonces no ha hecho otra cosa que decaer. Florida, sin impuesto sobre la renta, no hace otra cosa que florecer.

Gavin Newson, gobernador de California.

California tiene dos poderosas industrias entregadas al mal: Hollywood y Silicon Valey. Toda depravación tiene allí su asiento. Su gobernador Gabin Newson aspira a convertir ese Estado en un "santuario" del aborto. No sólo eso: pretende legalizar el infanticidio, procediendo a un asesinato brutal de bebés semanas, meses o incluso años después de que nazcan. Sus legisladores estudiarán un proyecto de ley horrendo. Según el texto, una "persona no estará sujeta a responsabilidad o sanción civil o penal, ni privada de sus derechos de otro modo, en función de sus acciones u omisiones con respecto a su embarazo o el resultado real, potencial o presunto del embarazo, incluido el aborto espontáneo. , muerte fetal, aborto o muerte perinatal".

Una ciudad del Norte de California se ha declarado independiente para no obedecer los mandatos por las timo vacunas y las mascarillas del presidente Biden y del gobernador. El Norte de California tiene un fuerte sentimiento a constituirse en Estado. El pueblo se llama Oroville: "Es hora de que nosotros, el pueblo, nos levantemos contra la extralimitación de estos políticos radicalizados hambrientos de poder. El hecho de que algo tenga sentido en las grandes ciudades como (San Francisco), (Los Ángeles) o Sacramento no significa que tenga sentido en la zona rural de Oroville. Lamentablemente, nuestro gobernador no ha estado dispuesto ni abierto a escuchar al estado del norte ... Si simplemente escuchara sus comentarios, no estaríamos aquí ".

San Francisco es una ciudad gay, sin niños. Bastante peor que Sodoma y Gomorra. El asistencialismo ha sido legitimado por el Partido Demócrata. La Universidad de California ha expulsado a profesores por negarse a ser inyectados. El genocidio se ha llevado a sus últimas consecuencias y en el condado de Ventura se ha detectado un aumento exponencial de problemas cardiacos, cerebro vasculares y de coagulación sanguínea.

En Florida no se ha timo vacunado la mayoría de la población y el gobernador, Ron DeSantis se ha negado a inyectar a los niños. Ha decidido prohibir el adoctrinamiento en las escuelas. Varias madres protestaron porque a sus hijos se les había intentado convertir en trans. Disney rechazó esa ley y dijo que la combatiría. Sus planes incluían que el 50% de los personajes de sus películas fueran sodomitas. Ron DeSantis contratacó a la posición de Disney quitándole todos sus privilegios en Orlando, lo que ha sumido en una profunda crisis a la empresa con continuas caídas en Bolsa.

Los habitantes de Florida no son anglosajones pero respetan los principios fundacionales que hicieron grande a Estados Unidos. Abominan del asistencialismo y, por ello, tienen bajos impuestos. Es un modelo exitoso. Un dicho sentencia que si le das un dólar a un cubano americano piensa dónde invertirlo y dónde abrir un negocio; si se los das a un puertorriqueño de Nueva York se lo gasta rápido en alcohol o drogas.

California y Florida son los dos polos opuestos, las dos almas de Estados Unidos. Hay una vieja tradición de emigración entre Estados a la búsqueda de un medio ambiente favorable para la decencia y el sentido religioso. Ese fenómeno se ha detectado también ahora. A raíz del fraude electoral de 2020, empezó la emigración hacia Estados del Medio Oeste, del Círculo de la Biblia. No sólo decisiones individuales o familiares, también empresas están buscando lugares más acogedores para la familias de sus trabajadores y más bajos impuestos para ellas. Es un fenómeno que no hace otra cosa que incrementarse.

Es la huida, el éxodo de unos Estados, como California, o Maryland, donde también va a estudiarse legalizar el infanticidio, cuyo final se atisba en la película de Mad Max, entre el conflicto racial, las tribus urbanas y la más abyecta degeneración moral.

Una parte, la que vota al Partido Demócrata, ha dado la espalda a Dios, ha dejado de ser Estados Unidos

Medio Estados Unidos, o algo menos, porque en el año 2020 se dio un fraude monumental, ha dado su espalda a Dios, algo inédito en la historia de esa gran nación, hoy una absoluta parodia de primera potencia, histérica ante la posibilidad de que la Corte Suprema devuelva a los Estados su capacidad de legislar sobre el aborto. En esa mitad, o algo menos, hay una escalada hacia la depravación irrestricta; el aborto es presentado como cuestión de "salud reproductiva"; muerte para el bebé, nada de salud para la mujer asesina; se coquetea ya con el infanticidio; se abandona el rabo entre las piernas Afganistán, mientras en Ucrania se vive la más estricta hipocresía y se da negocio al complejo industrial militar. Estados Unidos está dispuesto a defender unos valores pero no sabe qué valores y en ningún caso los suyos, como "ciudad en la colina", como nación cristiana, aunque hay Estados, la mayor parte, que consideran al Evangelio su guía y la Libertad su norte.

Benjamín Franklin, uno de los Padres Fundadores, escribió a Thomas Paine para reprocharle que considerara innecesaria la religión: "Aquel que escupe al cielo se escupe a sí mismo. Si los hombres tienen religión y son perversos; ¿qué sería de ellos si no la tuvieran?". John Adams, que fue el segund0 presidente, escribió: "Una de las grandes ventajas del cristianismo es que hace que todo el pueblo es que hace que todo el pueblo conozca, crea y venere el gran principio de la ley de la naturaleza y de las naciones, el de amar al prójimo como a uno mismo y el de no hacer a los demás lo que no nos gustaría que nos hagan a nosotros".

En ocasión memorable, en la despedida de su segundo mandato y de la vida pública, George Washington, dio su testamento político: "Todas las disposiciones y hábitos que hicieron posible la prosperidad política han contado con el apoyo indispensable de la religión y la moral". Cualquier persona que intentara debilitar "estos firmes sostenes de los deberes de los hombres y ciudadanos" era exactamente lo opuesto a un patriota. Es imposible que haya ningún tipo de "seguridad para la propiedad, para la reputación, para la vida, si el sentido de obligación religiosa no acompaña los juramentos que son el instrumento de investigación de los tribunales de justicia".

Tampoco se puede mantener la moral sin la religión. Por más ayuda que pudiera proveer por sí sola una "educación refinada" a las "mentes de una estructura peculiar", la experiencia demostraba que la "moral nacional" no puede establecerse "si se excluye el principio religioso". De hecho, lo que decía Washington era que los Estados Unidos, por ser una república libre cuyo orden dependía del buen comportamiento de sus ciudadanos, no podría sobrevivir sin la religión.

En la cruenta guerra civil, Abraham Lincoln, cuando se le preguntó si Dios estaba de parte del Norte contestó: "Eso no me preocupa en absoluto, porque sé que el Señor está siempre del lado de los buenos. Lo que no cesa de angustiarme, aquello por lo que rezo contantemente, es que yo y está nación, estemos del lado del Señor". Y en su memorable alocución inaugural de su segundo mandato afirmó. "Ambos leen la misma Biblia y rezan al mismo Dios, y cada uno invoca su ayuda contra el otro. Puede parecer extraño que un hombre se atreva a pedir una ayuda justa de Dios para ganarse el pan con el sudor de otros hombres; pero no juzguemos si no queremos ser juzgados. Las plegarias de unos y de otros no podían ser respondidas; ninguna ha sido cabalmente respondida. El Todopoderoso tiene sus propios designios: 'Maldito sea el mundo por las ofensas cometidas! Las ofensas son inevitables, pero ¡ay del hombre que las cometa!' Abrigamos la esperanza -rezamos fervientemente por ello- de que este tremendo azote de la guerra acabe de una vez. No obstante, si Dios desea que continúe hasta que la riqueza acumulada por los doscientos cincuenta años de trabajo no recompensado del hombre esclavo se agote, y hasta que cada gota derramada por el látigo sea pagada por otra derramada por la espada, como se dijo hace tres mil años, aún en ese caso debemos decir que 'el juicio de Dios es siempre acertado y justo'".

El destino de Estados Unidos está íntimamente ligado a Dios, a la religión y al orden moral, a la ley natural que está inscrita en todos los corazones para distinguir el bien del mal. Una parte de Estados Unidos es fiel a este legado, pero otra, la que vota al Partido Demócrata y rinde culto a sus absurdas teorías se ha alejado de Dios y va camino de la perdición. Se ha alejado del mismo orden natural mediante el divorcio, el aborto, la ideología de género, y ahora alienta la esperanza de la depravación completa con la pedofilia y el infanticidio. Sodoma y Gomorra superadas. Otro Estados Unidos rinde culto a Dios, a la Vida y a la Libertad, es el círculo de la Biblia, el corredor mormón con epicentro en el Estado de Utah, el medio Oeste con Texas y Oklahoma, y Florida. Es de nuevo la "ciudad en la colina" hacia la que se vuelven las miradas. Da la impresión que la parte que ha dejado de ser Estados Unidos y la que mantiene, renovados, los principios de los Padres Peregrinos y de los Padres de la nación, no pueden convivir, pues son como el agua y el aceite. Debe haber un rearme moral, una polarización beneficiosa, sin cesiones ni concesiones, porque está en juego el futuro de la civilización y la especie. Y, como dice la Biblia, omne regnum divisum contra se, desolabitur. Todo reino dividido contra sí, será desolado.

El legado de Theodore Roosevelt: Acabar con las Corporaciones del mal

Theodore Roosevelt fue presidente de los Estados Unidos de 1901 a 1909. Proveniente de una familia de rancio abolengo de origen holandés, pertenecía a la rama de la familia de la bahía de Foster; de la rama de Hyde Park es originario Franklin Delano Roosevelt. Era un hombre de una pieza, que se vestía por los pies, un hombre de acción que parece salido de las novelas de Ernst Hemingway o de las películas de John Wayne, a los que precedió.

Se metió en el negocio de ganado. Su cuartel general estaba en el Maltese Cross Ranch, en las cercanía de Medora y construyó una casa de campo en una comarca remota a la que llamó Elkhorn. Para endurecerse sometía a su cuerpo a esfuerzos hasta el límite de su resistencia. Escribió a su familia: "Acabo de llegar después de haberme pasado trece horas a caballo". Todavía había algunos búfalos e indios sioux y la frontera no estaba cerrada aún. Todo se parecía mucho a una película de vaqueros y terminó con el duro y noble de Theodore capturando al pelirrojo Finnigan y a dos compinches, por lo que recibió una recompensa de 50 dólares. Y a un matón local llamado Paddock que amenazó con echarlo del pueblo le buscó y le dijo: "entiendo que ha amenazado con matarme apenas me viera. He venido a ver cuando quiere comenzar y a hacerle saber que si tiene algo para decir en mi contra éste es el momento de hacerlo".

Volvió al Este y se casó con una muchacha llamada Edith. Quería tener muchos hijos ya que creía que la "buena sangre" debía presentar batalla a las razas inmigrantes, lo que él llamaba "la guerra de la cuna". Buscaba la acción porque "todo hombre debe mostrar su valía" y, según él, los políticos no debían enviar a los soldados a la batalla "sin saber lo que es una guerra", así que en Cuba se enroló a la primera caballería voluntaria, una unidad de élite que realizaba acciones de comando. "No quiero que se diga que soy un patriotero de salón". Theodore Roosevelt disfrutó de la campaña, fue el líder del grupo y encabezó repetidos ataques a la colina de San Juan. Volvió a Estados Unidos convertido en un héroe público y accedió a la vicepresidencia y luego a la presidencia. Como se ve el 26 presidente de los Estados Unidos no tenía nada que ver con la falta de liderazgo de demente y sobón Joe Biden.

En septiembre de 1902, durante una gira de campaña, un tranvía arrolló al carruaje del presidente: quedó tirado en la acera, estaba sangrando y malherido. Su cara había recibido un fuerte golpe y una de sus rodillas estaba tan dañada que los cirujanos estuvieron a punto de amputarle la pierna. Pero cumplió con su compromiso y dio el mitin previsto. El tema central de su discurso, mil veces repetido, es de candente actualidad y ha de ser planteado hoy, sin duda, como crucial para la supervivencia de la civilización y de la especie: la necesidad de disciplinar y acabar con las Corporaciones. Theodore Roosevelt la emprendió con J. P. Morgan y su banca, arremetió contra Rockefeller y lo que llamó el "mal trust", la Standard Oil, y la emprendió sin piedad contra Edward Henry Harriman a quien calificó de "paria moral y social"; Harriman, con el Illinois Central, se dedicaba a crear expectativas, a comprar y vender creando valor ficticio.

Standard Oil era una empresa despiadada y depredadora. Reunió cinco factorías y creó casi un monopolio. capaz de conseguir tarifas con descuentos en los ferrocarriles mientras sus competidores no. Hacia 1879 la Standard Oil controlaba del 90 al 95 % del petróleo refinado y, este hecho, sumado a su nuevo sistema de oleoductos, le daba un control absoluto sobre los ferrocarriles. Sin embargo, consiguió un abaratamiento del producto para los consumidores. El barril del petróleo era de 0,06 el galón y lo bajó a 0,03. En su primera fase de expansión pudo reducir el 70% el precio al por menor del queroseno, un subproducto que se utilizaba en todos los hogares de Estados Unidos. Supuestamente, para una ideología liberal, era un proceso de libre mercado y el poder político sólo podía permitirlo, acelerarlo y eliminar los obstáculos.

De alguna forma, el capitalismo termina redundando en beneficio de los consumidores, es el dogma. A comienzo del siglo XX, esta doctrina había sido avalada por la Corte Suprema presidida por John Marshall, uno de los hombres más influyentes de la historia norteamericana, que había hecho posible el surgimiento de las Corporaciones. Así las definió Marshall: "una corporación es un ser artificial, invisible, intangible y que existe en términos legales. Como es un simple producto de la ley, posee sólo tres cualidades que explícita o implícitamente le confieren los estatutos de su creación. Las más importantes son la inmortalidad y, si se me permite la expresión, la individualidad, propiedades que hacen que se considere a una perpetua sucesión de personas como un individuo y que puedan actuar como tal".

Lo cierto es que Theodore veía en el horizonte riesgos muy superiores y quería ponerles coto. No era un resentido social pues él mismo era adinerado pero veía que esas Corporaciones terminarían volviéndose contra el hombre. Hoy nos encontramos en una situación en que el 1% de la población acumula el 99% de la riqueza. Un dato ofrecido por una ong y recogido por **el premio Nobel de Economía 2001, Joseph Sitiglitz.** Vamos a darlo por bueno. El liberalismo, de la escuela austriaca, con Friedrich Hayek, nos responde que tal acumulación es beneficiosa y buena siempre que sea producto del orden espontáneo. Y que la globalización beneficia al consumidor pues abaratar los costes beneficia al consumidor que recibe los productos más baratos al tiempo que, por ejemplo en China, se produciría una clase media que, se nos dijo, reclamaría reformas democráticas.

Estos no son más que dogmas. En China impera cada día más la esclavitud que trata de extender a la Humanidad, incluido a Estados Unidos. En cuanto a ese 1% que acumula el 99% de la riqueza de la Tierra, partamos del axioma de lord Acton de que "el poder corrompe y el poder absoluto corrompe absolutamente". Lo que vemos es que se han destruido el sector primario subvencionando dejar las tierras en barbecho y con políticas de proveedores que asfixian al pequeño productor.

Lejos de beneficiar al consumidor, trata de eliminarlo. Partamos del análisis de la realidad de Karl R. Popper y su elemento de contrastación. Contemplamos como las doctrinas maltusianas y eugenésicas han dado lugar al mayor y más cruel intento de exterminar a la población y de eliminar sus más más mínimos derechos hasta hacer legítimos el tiranicidio y la insurrección armada. Las élites adineradas corrompidas han desatado sobre la población indefensa la mayor campaña programada de exterminio mediante el coronavirus, de invención humana, y las timo vacunas, en la que han participado las corporaciones farmacéuticas, dominadas por Bill Gates. y las corporaciones mediáticas, compradas por los fondos de inversión Black Rock y Vanguard, dominadas por unas pocas familias entre las que destacan los Rockefeller y los Rothschild.

No se puede decir que beneficien al consumidor cuando tratan, y consiguen a los más indefensos, por ejemplo a los ancianos y a los bebés, eliminarlos, matarlos, como se ha ufanado Albert Bourla, director ejecutivo de Pfizer, en el Foro Económico Mundial. Esas élites son satánicas, rinden culto a satán. En la muerte de John Rockefeller se supo que había instalado una estatua en homenaje a satanás y a su rascacielos en Manhattan le había llamado el 666. Y de los Rothschild es conocido el satanismo de Jacob, el cabeza de la familia, como dejó patente fotografiándose con la notoria satánica Marina Abramovic ante el cuadro: "satán convocando a sus legiones". El objetivo de satán es eliminar la especie humana, creatura de Dios.

Es imprescindible desarmar al enemigo arrebatándole sus riquezas; esta es una guerra moral y las contiendas se ganan cuando se cortan las líneas de suministros del enemigo. En principio, repugna a la mentalidad norteamericana la confiscación de bienes, pero se veda la resistencia cada día más numerosa, el demos, la victoria si no se procede a la incautación de bienes de las empresas y las personas globalistas que conspiran contra nosotros. Es urgente recoger y llevar a la práctica el legado del gran Theodore Roosevelt.

Medidas que han de ser puestas en práctica:

1.- Responsabilidades por las muertes en la pandemia y consecuencia de las timo vacunas. Todas las víctimas deberán ser indemnizadas por las farmacéuticas y por los accionistas de estas, en cascada, con indemnizaciones multimillonarias.

2.- Deberán pagar multas aquellos medios y redes sociales que hayan impuesto la narrativa genocida y los fondos de inversión que las hayan alentado.

3.- Habrá de verse si la existencia de las Corporaciones han caído en el corporativismo y el mercantilismo, y a través de ellas y de sus fundaciones han puesto en práctica políticas colupsorias y monopolísticas, de forma que hayan modificado las políticas en su propio beneficio a través de subvenciones y depredando los fondos públicos; por ejemplo, a través del timo climático y la transición ecológica. Ese dinero deberá ser devuelto al Estado y a los contribuyentes con elevados intereses.

Probablemente, se trate de la transferencia más importante de la historia de bienes y es urgente ponerse manos a la obra. O eso o sucumbimos. Y no vamos a sucumbir.

Los blancos como parias y la corrupción de menores

A finales del siglo XIX, en Cambridge se formó una sociedad secreta de autobombo, marcadamente sodomita, denominada los "doce apóstoles" y de ahí surgiría el grupo de Bloomsbury. En 1902 esa especie de francmasonería o mafia cultural eligió a Lyton Strachey, que la dirigió durante 30 años, y al que perteneció el economista John Keynes. Lyton escribió Victorianos eminentes, alegato en la primera guerra mundial contra los valores occidentales en el mundo anglosajón. Aunque Strachey dijo que "todos somos físicamente demasiado débiles para servir algo", aplicaron la piqueta en contra de las sociedades democráticas y dieron a tres de los espías rusos más notorios.

Lyton Strachey confió a Keynes que "no podemos contentarnos con decir la verdad, debemos decir la verdad entera, y la verdad entera es el demonio. Sería absurdo que soñáramos con la posibilidad de que las viudas comprendan que los sentimientos son buenos cuando decimos en la misma frase que los mejores tiene un carácter sodomita. Nuestro tiempo llegará dentro de cien años".

Fue y es el más corrosivo ataque a la santidad del matrimonio, a la familia y a la natalidad, y un supremacismo insoportable, empeñado en imponer sus criterios, corrompiendo a los menores y promoviendo la pedofilia. Los sodomitas, con algunas excepciones, son aliados fervorosos del globalismo, son destructivos de cualquier adhesión a la Patria, en sí mismos, a cambio de tolerarlos todos sus vicios, son un movimiento mundialista con su infecta bandera trasnacional.

Practican la censura irrestricta, han sido fervientes partidarios de la timo vacunación obligatoria, intentado acallar las voces que han clamado contra el genocidio. Ahora avanzan, con el apoyo de las Corporaciones, contra los hombres y las mujeres que siguiendo responsablemente los mandamientos de Dios a imponerse mediante la acción afirmativa y a dictar en las escuelas sus perversiones y degradaciones como un instrumento gravemente distorsionador en la maduración de los niños, promoviendo su hiper sexualización contra natura desde la más tierna infancia, promoviendo la pederastia como un hecho natural.

Es altamente sintomática de la dictadura sodomita lo sucedido en la Corporación Disney donde la directora ejecutiva Karey Burke, quien admite que tiene "dos hijos queer", apoya tener ese tipo de personajes en más películas y proyectos de Disney, exigiendo que al menos el 50 por ciento de todos los personajes de películas son homosexuales, transgénero o minorías raciales. Esta locura de la minoría trata de imponerse a la mayoría y cuando el gobernador de Florida, Ron DeSantis prohibió que en los colegios se enseñe la ideología woke y la conversión en travestis de los niños, Disney protestó y afirmó que haría todo lo posible por combatir y revertir la Ley. Lo único que consiguió realmente es que los legisladores de Florida suspendieran los privilegios de Disney en Orlando, un estado dentro del Estado y que el 70% de los norteamericanos hayan dado la espalda a esta industria de corrupción de menores en gran escala.

De hecho, Christopher Rufo del *City Journal* publicó las imágenes en Twitter, que se filtraron de la cumbre virtual Reimagine Tomorrow de Disney. Él escribió: "Disney ha adoptado un programa de beneficios para ayudar a los empleados y sus hijos menores con 'procedimientos de afirmación de género'. Este tipo de tratamiento generalmente incluye bloqueadores de la pubertad, extirpación de senos y cirugías genitales para 'niños que están en transición'".

En su obsesión por un mundo sin niños, por la extinción de la raza blanca, a la que odia satanás por haber abrazado el cristianismo, pretender entrar dentro de la "acción afirmativa", con grave ruptura de la igualdad de todos ante la Ley, que fue propuesta, por primera vez, cuando en 1937 la Fundación Carnegie encargó un informe al nacional socialista, e ideólogo del Partido Socialdemócrata sueco Gunnar Myrdal, quien en 1944 lo presentó con el título An American Dilemma (Un dilema norteamericano) con 1.000 páginas, 250 notas y 10 apéndices, y en el que sostenía que el racismo era demasiado profundo y concluye exhortando a la Corte Suprema a que aplique "el espíritu de las enmiendas de la reconstrucción".

Andando el tiempo, Gunnar Myrdal produjo el ataque más corrosivo contra la igualdad de todos la ley, la movilidad ascendente, el mérito y el crisol de razas: la Ley de Derechos Civiles de 1964 y la Comisión para la Igualdad de Oportunidades Laborales que puso en marcha la "acción afirmativa", que pone fin a los Estados Unidos tal y como lo hemos conocido, espacio de libertades y de oportunidades. La raza fue siendo sustituida por la etnia y el racismo fue alimentado por un sistema de castas parejo al hindú, en donde los blancos ocupan el desmerecido lugar de los parias. La "acción afirmativa" acompañada de su prima hermana la "corrección política" se manifestó con toda su tontería irrestricta y su intolerancia y su tendencia a reprimir la libre expresión.

Se trata de un proceso totalitario de ingeniería social que se inventa nuevos pecados y anatemas como homófobos y transfobos, cambiando el orden natural de las cosas, y que trata de practicar en la enseñanza mediante una general corrupción de menores, de los hijos de las familias normales y cristianas. La "acción afirmativa" pretende establecer cuotas para estas nuevas castas de "intocables". Es un desquicie abrumador y altamente corrosivo. Quedan pocas dudas que las dos almas de los Estados Unidos no pueden convivir. O se deporta a los sodomitas a ciertas zonas como San Francisco o alguna de las islas del Pacífico o se produce la secesión de la Norteamérica que no está dispuesta a sucumbir.

Rearme moral: La Corte Suprema USA declara que el aborto no es un derecho: "Rose vs Wade fue eminentemente equivocada"

En una decisión histórica, la Corte Suprema de los Estados Unidos, el 24 de junio de 2021, ha decidido que el aborto no es constitucional ni es un derecho. Da marcha atrás así al fallo Rose vs. Wade de 22 de enero de 1973 que lo legalizó en todo el país, considerándolo como sofisma judicial que estaba incurso en la Décimo Cuarta Enmienda, que garantiza la libertad personal como parte de un proceso justo, incluía un derecho a la privacidad que las leyes antiaborto violaban.

Eso significó echar abajo cualquier ley restrictiva de cualquier Estado y provocó una matanza: en la década de 1990 se realizaron 30 millones a un ritmo de 1.600.000 anuales. Otra falacia fue que ese número demostraban la aceptación de las mujeres, pues las mujeres norteamericanas, especialmente en algunos Estados nunca han recurrido al aborto, mientras otras degeneradas y altamente promiscuas han utilizado el aborto como método anticonceptivo con tres y más abortos. La sentencia establece que Rose vs. Wade fue "eminentemente equivocada, y en franca colisión con la Constitución desde el momento en que fue publicada". El honorable juez, y nunca mejor dicho, Samuel Alito afirma en la sentencia: «'Roe' era rematadamente errónea desde el principio. Sus fundamentos eran excepcionalmente débiles y la sentencia ha tenido consecuencias desastrosas. Y lejos de conseguir un acuerdo nacional sobre el asunto del aborto, 'Roe' y 'Casey' han avivado el debate y profundizado la división», aseguró el redactor de la sentencia, el juez conservador Samuel Alito. «Es momento de acatar la Constitución y devolver el asunto del aborto a los representantes elegidos por el pueblo».

El movimiento pro vida, muy fuerte en Estados Unidos, tomo fuerzas en la medida en que las nuevas técnicas de tomografía computarizada demostraron que el feto es un ser humano y en una etapa muy temprana se escuchan los latidos del corazón. Entre 1987 y 1994 se arrestó a más de 72.000 manifestantes por hacer sentadas pacíficas frente a clínicas de abortos y muchos fueron condenados a más de dos y medio de prisión. En 1994, presionado por el lobby por aborto, el Congreso aprobó la Ley de Libertad al Acceso a las Entradas a las Clínicas, que estipulaba que los piquetes pacíficos eran un delito federal con condenas de hasta diez años de cárcel.

Ahora cada Estado podrá restringir el aborto y se calcula que 31 Estados han aprobado leyes muy restrictivas, hasta la prohibición total de Oklahoma. Ahí se incluyen Alabama, Arkansas, Arizona, Florida, Georgia, Idaho, Indiana, Iowa, Kentucky, Louisiana, Míchigan, Misisipi, Misuri, Montana, Nebraska, Dakota del Norte, Ohio, Oklahoma, las Carolinas, Tennessee, Texas, Utah, Virginia Occidental, Wisconsin y Wyoming. Por contra, los estados "demócratas" contemplan ya leyes que legalizan el infanticidio, en una orgía de crimen, como California y Maryland.

La Corte, en un fallo de 6-3 impulsado por su mayoría conservadora, confirmó una ley de Mississippi respaldada por los republicanos que prohíbe el aborto después de las 15 semanas. La ley de Mississippi había sido bloqueada por los tribunales inferiores como una violación del precedente del Tribunal Supremo. Ahora los jueces sostienen que la decisión Roe vs. Wade se decidió incorrectamente porque la Constitución de Estados Unidos no menciona específicamente el derecho al aborto.

Al eliminar el aborto como un derecho constitucional, el fallo restaura la capacidad de los estados para aprobar leyes que lo prohíban. Veintiséis estados se consideran seguros o probables de prohibir ahora el aborto. Mississippi se encuentra entre los 13 estados que ya cuentan con las llamadas 'leyes de activación automática' diseñadas para prohibir el aborto si se revocara Roe vs. Wade.

Es probable que el aborto siga siendo legal en los estados criminales demócratas y satanistas. Actualmente, más de una docena de estados tienen leyes que protegen el derecho al aborto. Numerosos estados liderados por republicanos han aprobado varias restricciones al aborto desafiando el precedente de Roe en los últimos años.

Demente y sobón Joe Biden no tiene muchas opciones para oponerse, aunque esta histórica y justa decisión abre esperanzas para que de las dos almas de los Estados Unidos pueda triunfar la del bien.

Juez Thomas: la Corte Suprema debería reconsiderar los fallos sobre el matrimonio entre personas del mismo sexo y la anticoncepción

El juez de la Corte Suprema, Clarence Thomas , escribió el viernes que el tribunal superior debería reconsiderar los fallos sobre anticoncepción, relaciones entre personas del mismo sexo y matrimonio entre personas del mismo sexo en una opinión concurrente solitaria publicada el viernes que anuló Roe v. Wade.

El juez designado por los republicanos argumentó que la Corte Suprema debería reconsiderar otros casos que caen bajo los precedentes del debido proceso.

"Escribo por separado para enfatizar una segunda razón más fundamental por la cual no hay una garantía de aborto al acecho en la Cláusula del debido proceso", escribió Thomas. "Evidencia histórica considerable indica que el 'debido proceso legal' simplemente requería que los actores ejecutivos y judiciales cumplieran con las leyes y el derecho consuetudinario al privar a una persona de la vida, la libertad o la propiedad".

Con el fallo del viernes, el "tribunal se niega a perturbar la jurisprudencia sustantiva del debido proceso en general o la aplicación de la doctrina en otros contextos específicos", también escribió (pdf), y agregó que casos como Griswold v. Connecticut, que otorgan el derecho de las personas casadas a obtener anticonceptivos, así como Lawrence v. Texas, un fallo sobre el derecho a participar en un acto sexual privado y consensuado, y Obergefell v. Hodges, el derecho al matrimonio entre personas del mismo sexo, deben revisarse.

"Estoy de acuerdo en que 'nada en la opinión [de la Corte] debe entenderse como que pone en duda los precedentes que no tienen que ver con el aborto'", agregó Thomas al citar la opinión mayoritaria del juez Samuel Alito publicada el viernes.

El juez argumentó que con base en ese precedente, "en casos futuros, debemos reconsiderar todos los precedentes sustantivos del debido proceso de este Tribunal, incluidos Griswold, Lawrence y Obergefell".

La decisión 6-3 confirmó la prohibición del aborto de 15 semanas de Mississippi, que chocó directamente con el requisito de Roe v. Wade de que los estados permiten el aborto hasta el punto de viabilidad fetal, alrededor de las 24 semanas. El fallo también anuló la decisión de 1992 Planned Parenthood v. Casey que reafirmó a Roe.

"Roe estuvo terriblemente equivocado desde el principio", escribió Alito para la mayoría al anular las dos decisiones históricas. "Su razonamiento fue excepcionalmente débil y la decisión ha tenido consecuencias perjudiciales. Y lejos de lograr un acuerdo nacional sobre el tema del aborto, Roe y Casey han inflamado el debate y profundizado la división".

"Es hora de hacer caso a la Constitución y devolver el tema del aborto a los representantes electos del pueblo", continuó.

Mientras la decisión resonaba en todo Washington, multitudes de activistas pro-vida, que se habían reunido fuera del juzgado durante días, estallaron en vítores.

"Estoy extasiada", dijo Emma Craig, de 36 años, de Pro Life San Francisco. "El aborto es la tragedia más grande de nuestra generación y en 50 años miraremos hacia atrás a los 50 años que hemos estado bajo Roe v. Wade con vergüenza".

La ley de Mississippi había sido bloqueada por los tribunales inferiores como una violación del precedente de la Corte Suprema sobre el derecho al aborto. Es probable que el aborto siga siendo legal en los estados dirigidos por demócratas.

Actualmente, más de una docena de estados tienen leyes que protegen el derecho al aborto. Numerosos estados liderados por republicanos han aprobado varias restricciones al aborto desafiando el precedente de Roe en los últimos años.

Aborto es siempre satanismo

El aborto es siempre satánico. Es un homenaje al señor oscuro. Los satanistas existen y creen dominar al mundo. Están la familia Rothschild y la familia Rockefeller al completo, en alianza económica, las dos potencias económicas mayores del universo, dominando Vanguard y Black Rock, la Reserva Federal Americana…Los Rothschild hay constancia de su satanismo en la fotografía que se inserta con Marina Abramovic, confesa satanista, ante el cuadro "satán convocando a sus legiones". De John Rockefeller conocida es su adhesión a satán, al que erigió el monumento que ilustra estas páginas y llamó a su rascacielos el 666.

Otros conocidos satanistas son la familia real inglesa y Letizia Ortiz. Bill Gates, el príncipe Carlos, Bill Clinton…adictos al sexo con menores, con Jeffrey Epstein. Todos los que llevan la marca de la bestia, el símbolo de la agenda 2030.

No se triunfa en Hollywood sin rendir homenaje a satán. Ahí está Angelina Jolie, quien a los 23 años participó en ritos satánicos. O las acusaciones de Mel Gibson de que en Hollywood se practica el canibalismo y se bebe sangre de niños.

Uno frecuente es el uso en los rituales satánicos de abortos. El presidente del gobierno estudiantil de la Universidad de Michigan-Flint, Timothy Brooks, el vicepresidente Shbeib Dabaja y la jefa de personal Lina Azeim escribieron la carta y enumeraron grupos de recursos como el Templo Satánico, la Unión Estadounidense de Libertades Civiles, Planned Parenthood y la Iglesia de la Vida Prismática., una secta LGBT cuyo santo sacramento es la sodomía.

"Los expertos en política y aquellos que continúan sacando a la luz hechos que han sido ofuscados por los extremistas políticos minimizarán este problema al usar conceptos reduccionistas crudos de pro-elección o pro-vida. Pero la dura realidad sigue siendo que esta decisión, de ser promulgada, asestaría un duro golpe a los cimientos de las libertades constitucionales enumeradas por la 14.ª enmienda a la Constitución y el proceso de revisión judicial, lo que lamentablemente confirma el partidismo equivocado de todas las facciones de la política pública. en los Estados Unidos", decía la carta.

"Esto no es simplemente un problema de aborto. Pone en duda el papel que juega nuestro gobierno en la defensa de los derechos que se nos garantizan como ciudadanos de una república libre. Cada turno de una generación se enfrenta a distintos desafíos que dan forma al camino de las generaciones futuras. Esta generación se verá entorpecida por una lucha por el derecho a la privacidad. En una nación que fue concebida por la voluntad de los libres, nada puede ser más fundamental para nuestro futuro que el derecho a elegir lo que uno hace con su propio cuerpo y, en mayor escala, el derecho a su privacidad. Si bien está etiquetado como un tema partidista, es el derecho y la responsabilidad de tomar una posición y hablar en contra de las violaciones de las libertades civiles de millones de estadounidenses. De hecho, es lo único que provocará un cambio para mejor", continuó.

EXECUTIVE STATEMENT ON THE RECENTLY RELEASED SUPREME COURT ALITO DRAFT OPINION REGARDING ROE V. WADE

On behalf of the Student Government of the University of Michigan-Flint, the Brooks-Dabaja administration stands with the many millions of American citizens to condemn the unwarranted, archaic, and reprehensible briefing brought forth by the Supreme Court, one that would overturn the landmark decisions of *Roe v. Wade* as well as *Planned Parenthood v. Casey*. In an attack on the rights to privacy and bodily autonomy, perhaps the most basic of human rights, the Court has joined in the partisan war upon the most inalienable rights granted to Americans.

Political pundits and those who continue to bring forth facts that have been obfuscated by political extremists will diminish this issue by using crude reductionist concepts of pro-choice or pro-life . But the harsh reality remains that this decision, if enacted, would deliver a crushing blow to the foundation of the constitutional freedoms enumerated by the 14th amendment to the Constitution and the process of judicial review, sadly confirming the misguided partisanship of all factions of public policy in the United States.

This is not simply an abortion issue. It calls into question the role in which our government plays in upholding the rights guaranteed to us as citizens of a free republic. Each turn of a generation is encountered with distinct challenges that shape the path of future generations to come. This generation will be encumbered by a fight for the right to privacy. In a nation that was conceived by the will of the free, nothing can be more fundamental to our future than the right to choose what one does with their own body, and on a grander scale, the right to their privacy. While labeled as a partisan issue, it is the right and responsibility of informed citizens to take a stand, to speak out against violations of the civil liberties of millions of Americans. Indeed, it is the only thing that will spark change for the better.

The University of Michigan- Flint's Student Government condemns these actions that will affect the rights of thousands of individuals, and in particular, the rights of the students we represent. Often in the wake of great injustices such as this, the need for resources by those impacted often arises. As Student Government, it is our duty to share resources that would assist students faced with the repercussions of this potential decision, as well as ways to speak out against these civil injustices. Below are resources that focus on the issues stemming from restricting access to rights guaranteed by the precedents of *Roe v. Wade* and *Planned Parenthood v. Casey*.

Resources & Donation Links:

The Reclaim Project: Reclaim Project
Donation Link: Donate – Reclaim Project
Planned Parenthood: Planned Parenthood Action Fund
The Afiya Center: The Afiya Center
Gender Justice: Gender Justice
Pro Choice America: Michigan
Center for Reproductive Rights: Center for Reproductive Rights
Planned Parenthood: Planned Parenthood | Official Site
Yellowhammer Fund: Yellowhammer Fund
The Satanic Temple: The Satanic Temple
Church of Prismatic Light: Church of Prismatic Light
ACLU: ACLU

Attest,

Timothy J. Brooks

President

Shbeib Dabaja

Vice President

Lina Azeim

Chief of Staff

Big League Politics ha informado sobre cómo el Templo Satánico argumenta en la corte que el asesinato de bebés es un ritual religioso para servir a su señor oscuro con sacrificios humanos:

Marina Abramovic, Premio Princesa de Asturias, con Jacob Rothschild, ante el cuadro "Satán convocando a sus legiones".

El Templo Satánico (*TST*) está *desafiando las restricciones al aborto a nivel estatal* al afirmar que asesinar y desmembrar bebés es parte de su práctica religiosa.

En realidad, están argumentando que los estados que se levantan para proteger la vida infringen su libertad religiosa para realizar abortos rituales.

"TST basa sus afirmaciones de las exenciones del mandato del aborto en las protecciones proporcionadas por las Leyes estatales de restauración de la libertad religiosa o RFRA, que generalmente prohíben que el gobierno interfiera sustancialmente con el libre ejercicio de la religión de una persona", escribió TST en un comunicado de prensa.

El TST espera que los tribunales anulen las leyes contra el aborto promulgadas a nivel estatal para proteger su derecho a sacrificar niños sagrados para su señor oscuro. Escribieron que "los abortos religiosos durante el primer trimestre están exentos de las regulaciones estatales que dificultan el acceso a los servicios de interrupción del embarazo y no tienen ningún propósito médico".

"Muchos estados tienen leyes que interfieren con la capacidad de nuestros miembros para practicar sus creencias religiosas. Ningún cristiano aceptaría un período de espera obligatorio antes de poder participar en la Comunión", dijo Jane Essex, quien trabaja como portavoz de derechos reproductivos para TST.

"Ningún cristiano toleraría una ley que insiste en que es necesaria la asesoría estatal antes de que alguien pueda ser bautizado. Nuestros miembros tienen derecho justo a la libertad religiosa para poder practicar nuestros rituales también", agregó .

El aborto se ha convertido en un sacramento moderno para la juventud impía y malvada de América y del mundo. Los cristianos deben derrotar esta agenda del mal organizado de manera decisiva, o Estados Unidos y todo el mundo seguirán el camino de Sodoma y Gomorra.

Una línea directa va del aborto al genocidio de las timo vacunas. El asesinato indiscriminado de bebés no nacidos que se ha producido en Estados Unidos desde el fallo, el 22 de enero de 1973, en el caso "Roe vs. Wade" -en la década de 1990 se realizaron 30 millones de crímenes abominables- ha tenido su lógica perversa continuidad en el genocidio que se ha llevado a cabo y se sigue llevando con las timo vacunas, y que ya representa cuatro veces más de mortalidad de la normal y la pérdida de entre el 82% y el 96% de los bebés de las embarazadas que recibieron la inyección letal, así como una plaga de hepatitis entre los niños más pequeños.

Empresas inmundas y satánicas como Microsoft o Amazon que anuncian el pago de los abortos de sus trabajadoras, situadas al nivel de las peores asesinas y de virtud frágil, aparecen implicadas en el relato oficial y censor que ha realizado la propaganda por la inoculación del veneno de la cobra real.

Esa línea recta entre el aborto y el genocidio de las timo vacunas entraña el mismo concepto de eliminación de población y el mismo carácter eugenésico.

El arzobispo de San Francisco prohíbe a Nancy Pelosi recibir el Cuerpo de Cristo por su postura pública a favor del aborto

El arzobispo de San Francisco, Salvatore Cordileone, prohibió a la presidenta de la Cámara de Representantes de Estados Unidos, Nancy Pelosi, recibir la comunión por apoyar el derecho al aborto, según una carta del arzobispado que se conoció el pasado viernes.

El arzobispo Cordileone expresó en la carta que previamente le había pedido a Pelosi «repudiar públicamente su defensa del 'derecho' al aborto o bien abstenerse de hacer referencia a su fe católica en público y de recibir la Santa Comunión», o sería excluida del acceso a este Sacramento.

«Como no has rechazado públicamente tu posición sobre el aborto, y sigues refiriéndote a tu fe católica para justificar tu posición y recibiendo la Santa Comunión, la hora ha llegado», manifestó el arzobispo. «Estoy por lo tanto notificando que tú no puedes presentarte a la Santa Comunión, y que de hacerlo, no serás admitida para recibirla, hasta que repudies públicamente a tu defensa de la legitimidad del aborto y confieses y recibas absolución de este grave pecado en el sacramento de la Penitencia», agregó el prelado.

Pelosi es una supuesta católica que ha hecho del aborto su bandera impúdica. Según el Catecismo de la Iglesia Católica los que colaboran con el aborto están excomulgados.

La proteína Spike es un arma biológica, a propósito para matar

Karen Kingston es una ex empleada de Pfizer y una destacada analista de biotecnología que ha investigado y publicado sobre muchos temas farmacéuticos de vanguardia

Kingston argumenta que las supuestas vacunas son en realidad armas biológicas y que puede probarlo con los propios datos de la FDA. Ella también afirma que la investigación de la FDA muestra que la FDA sabe que fueron estas armas biológicas las que causaron todas estas muertes y lesiones.

Kingston explica: "Hubo más personas con Covid debido a la vacuna, en comparación con los que recibieron placebos; pero sacaron a 409 personas del grupo vacunado, diciendo que habían tenido efectos secundarios. **El efecto secundario es la enfermedad** .

El documento de la FDA es evidencia incriminatoria. Si Janet Woodcock (directora del Centro de Evaluación e Investigación de Medicamentos (CDER) de la FDA) leyera esto en el Senado,**sería arrestada de inmediato por lesiones corporales graves y asesinato de niños y adultos estadounidenses por envenenamiento.**

Lo llaman efectos secundarios. Cuando tienes una reunión dos meses antes de aprobar esta vacuna y durante esa reunión enumeras toda una lista de enfermedades crónicas graves que causan morbilidad y mortalidad en niños y adultos, y dices **que sabes que va a pasar,** no es un efecto secundario . **Esta es una consecuencia intencionada** . Este es el efecto de las vacunas.

El efecto de las vacunas es causar estragos en su sistema inmunológico. Este desequilibrio inmunológico conduce a ataques cardíacos, inflamación del corazón; trastornos neurológicos que van desde la fatiga hasta la parálisis y la niebla mental, los trastornos de inicio rápido, la narcolepsia, la muerte, la muerte fetal, los defectos de nacimiento y los abortos espontáneos.

Sabían que venía. En los datos de la FDA para Pfizer, podemos leer: "Escucha, hubo más personas vacunadas que se contagiaron de Covid". Dijeron que era un efecto secundario. No es un efecto secundario, *ES* el efecto. (...)

La mayoría de la gente está de acuerdo en que la proteína espiga del laboratorio de Wuhan que se colocó en el genoma el 10 de enero es un arma biológica. Si lee la carta de aprobación de la FDA, ¿cuáles son los ingredientes de las vacunas? Es el código de ARNm sintético, el código generado por computadora generado por inteligencia artificial que se inyecta en su cuerpo y produce, y estoy citando aquí textualmente, la proteína de punta de la secuencia completa "Wuhan -Hu-1 del genoma" . Se afirma en la carta de aprobación (de la FDA) que la vacuna produce un arma biológica. Los datos indican que hay más vacunados que no vacunados con Covid-19. La gente dice que debería ser un testigo experto. No necesito ser un testigo experto. Solo necesitamos que la FDA lea sus propios documentos. »

En conclusión, Kingston dijo: "Creo que podemos trabajar con la ciencia a nivel molecular para curar esto, pero si las personas no saben que están enfermas, millones de estadounidenses van a morir y nuestros hijos van a ser parte". de ella." de este sacrificio. Estoy lleno de una pena profunda y terrible. »

¡Han muerto 4.113% más militares norteamericanos desde que se timo vacunaron!

Como he dicho, hay una línea recta entre el aborto, la eutanasia y la timo vacuna; la cultura de la muerte para eliminar población. Pero cuando se destruyen las Fuerzas Armadas con los mandatos, los miembros supervivientes tienen la obligación moral de detener y enjuiciar a los autores de este genocidio.

¡Han matado a 4.113 % militares norteamericanos timo vacunados! Esta es la observación que hace la bioestadística Jessica Rose sobre las muertes registradas en 2021 en comparación con el año 2020. Las cifras sobre el aumento anormal e inusual de la morbilidad y mortalidad entre los militares estadounidenses ya habían sido denunciadas a principios del año 2022 y negado por el Secretario de Estado de Defensa de los EE. UU., mientras que el sistema de vigilancia de la salud del ejército de los EE. UU. es probablemente el mejor del mundo. Los datos de VAERS revelan cifras mucho más preocupantes que las anunciadas inicialmente por los denunciantes.

El 1 de febrero de [2022] , informamos la alerta emitida por 3 médicos y abogados del Ejército de EE. UU., incluido Thomas Renz , escuchada durante una audiencia del senador Ron Johnson . Los datos médicos, del Departamento de Defensa de EE. UU. y presentados por los tres médicos, pintaron un panorama impactante de mayor morbilidad y mortalidad después de las inyecciones contra el covid. El ejército estadounidense vacunado en más del 96% muestra efectos adversos sin precedentes: + 1135% de casos patológicos en 2021 en comparación con el promedio de los cinco años anteriores: brote de abortos espontáneos, aumento deslumbrante en el número de cánceres, los detalles de los datos se transmiten en el artículo del 1 de febrero de ²⁰²².

El secretario de Estado de Defensa había alegado un error en los datos

Tres semanas después, mencionamos la respuesta del Secretario de Estado de Defensa estadounidense, Lloyd Austin , al senador Ron Johnson, quien se mostró sorprendido por estas cifras condenatorias. El Secretario de Defensa respondió al senador, diciendo que los datos de 2016-20 se subestimaron y, cuando se corrigieron, son similares a los datos de 2021. Peter Graves, portavoz de los ejércitos de la División de Supervisión de la Fuerza de la Agencia de Salud de Defensa, dijo a PolitiFact (medios de comunicación subvencionados que sirven propaganda) por correo electrónico que, en respuesta a las preocupaciones mencionadas en los informes de noticias, la división revisó los datos de la base de datos de *epidemiología médica de defensa* (DMED) y descubrió que eran incorrectos para los años 2016-2020.

Aumento de muertes militares registradas en datos VAERS

La mentira del Estado Profundo sigue siendo la principal línea de defensa. La Dra. Theresa Long, teniente coronel y una de los tres denunciantes, habló con el Dr. Pierre Kory, a quien se encuentra hablando con la bioestadística Jessica Rose en un breve video publicado en Twitter sobre las muertes posteriores a la vacunación en el ejército de EE. UU. Entre 2020 y 2021, el aumento de muertes ha aumentado un +4133%. El gráfico que se muestra en el video se muestra a continuación:

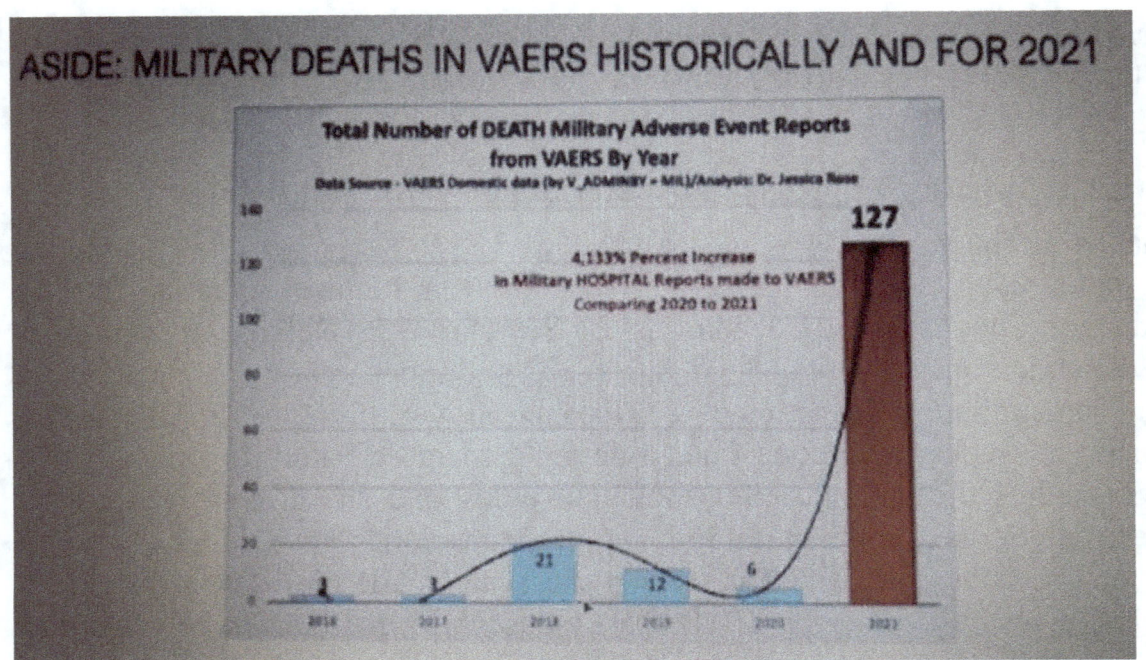

La ley del silencio es necesaria en la administración americana

También aprendemos otra información, aquí hay algunos extractos seleccionados:

Dr. Pierre Kory : *"Su oficial al mando (de Theresa Long) le dijo que no testificara. Y ella preguntó: ¿eso es una orden? Él respondió que sí. Y ella dijo, te das cuenta de que eso es una interferencia con el testimonio. En resumen, ella está en la M…"*

Y yo dije Teresa, ¿cómo puedes seguir viva? ¿Cómo es que todavía estás empleado por el ejército? Quiero decir, deberías haber sido liquidada. Me dijo que estaba protegida como denunciante. De hecho, no pueden tocarla.

Me dijo que el año pasado 88 soldados de Fort Bragg fueron encontrados muertos en sus camas. No pudo decirme cuáles fueron los números del año anterior, pero aquí hay 88 soldados muertos en Fort Bragg. Son soldados jóvenes y sanos…

Jessica Rose (Bioestadística): Les diré cuáles son los números del año pasado porque hice este análisis hoy sobre datos militares. Entonces miré las entradas de muertes militares en VAERS, hay un aumento del 4133% en los informes de muertes en hospitales militares entre 2020 y 2021.

Para aquellos que quieran ver el video completo de 1:30 entre Dr. Kory y Jessica Rose, está aquí . La administración americana está presionando con todo su peso para que no haya una comisión de investigación sobre el tema. Los soldados estadounidenses podrán seguir enfermando y muriendo sin que esto se vea y se denuncie, sin que se resalte el vínculo con las inyecciones contra el Covid.

El Mal bajo asedio: El Senado de Florida aprueba legislación para poner fin al privilegio fiscal y al estatus especial de autogobierno de la satánica Disney

El Senado de Florida aprobó el miércoles una legislación para terminar con el privilegio fiscal especial y el estatus de autogobierno de Disney en una votación de 23-16.

El martes, el gobernador de Florida, Ron DeSantis, anunció que pediría a la Sesión Especial que presentara una legislación para cancelar todos los distritos especiales que se promulgaron en Florida antes de 1968 y eliminar las exenciones de la ley de responsabilidad de las grandes empresas tecnológicas.

La Legislatura de Florida se reunirá esta semana para considerar el plan de redistribución del Congreso para Florida para los próximos diez años. El gobernador Ron DeSantis consideró deshacerse de los distritos especiales promulgados antes de 1968.

"Estoy anunciando hoy que estamos ampliando la convocatoria de lo que van a considerar esta semana. Y sí, considerarán el mapa del Congreso, pero también considerarán la terminación de todos los distritos especiales que se promulgaron en Florida antes de 1968, y eso incluye el Distrito de Mejoramiento de Reedy Creek", declaró DeSantis en conferencia de prensa.

"Disney es un invitado en Florida. Hoy se los recordamos. @GovDeSantis acaba de ampliar la Sesión Especial para poder presentar la HB3C que elimina el Distrito de Mejoramiento de Reedy Creek, un estatuto especial de 50 años que exime a Disney de las leyes que enfrentan los floridanos comunes", tuiteó el representante Fine.

Hoy, los legisladores de Florida aprobaron una legislación que pone fin al privilegio fiscal, el poder de autogobierno y el estado de exención especial de Disney. El nuevo proyecto de ley se dirige ahora a la Cámara.

Boycott Disney!
& All Products!

En una demostración verdaderamente patética de grosera capitulación ante las fuerzas del mal que gobiernan el mundo occidental en este momento, el director ejecutivo de Walt Disney Company, Bob Chapek, se disculpó con Cult of LGBT por supuestamente no promover *suficiente* perversión de género y sexualidad en los niños.

En una declaración en video a la "comunidad" LGBT (*ver más abajo*), Chapek se entristeció por no haber preparado a los niños al nivel requerido para satisfacer a los homosexuales, lesbianas, transgénero y otros que se identifican con algo diferente al hombre y la mujer normales.

NEW: Disney CEO Bob Chapek grovels, apologizes, and pledges to "be a better ally for the LGBTQ+ community." He delegated the company's moral authority to the "LGBTQIA+ Advisory Council" and now those internal activists have taken him as an ideological hostage. pic.twitter.com/efOSOmb47a

— Christopher F. Rufo (@realchrisrufo) April 7, 2022

 "A estas alturas, espero que todos hayan leído mi nota más reciente en la que me comprometo a ser un mejor aliado para la comunidad LGBTQ+, me disculpo por no ser el aliado que necesitaban que fuera y me comprometo a garantizar que nuestra empresa viva. a la altura de sus valores", dijo Chapek ante su audiencia virtual.

"Quise decir cada palabra. Y eso es de lo que estamos aquí para hablar hoy. Sé que tenemos trabajo que hacer y ese trabajo comienza con escuchar. Me alegra que la compañía escuche al panel de empleados LGBTQ+ de hoy, y espero que las voces que escuché en las últimas semanas les hayan impactado tanto como a mí".

La Corte Suprema dictamina que los estadounidenses tienen derecho a portar armas en público

La Corte Suprema de los EE. UU. emitió una decisión inusual que respalda los derechos constitucionales sobre las armas y dictaminó 6-3 que los estadounidenses tienen derecho a portar armas fuera del hogar y en público, en una gran victoria para los defensores de la Segunda Enmienda. El caso se deriva de una demanda presentada por la Asociación de Rifles y Pistolas del Estado de Nueva York contra el estado. La demanda argumentaba que la restricción hacía casi imposible obtener un permiso de portación legal y convertía la Segunda Enmienda en un privilegio y no en un derecho. El fallo afectará a otros estados que tienen leyes similares, incluidos California, Delaware, Hawái, Maryland, Massachusetts, Nueva Jersey y Rhode Island.

La Corte Suprema de EE. UU . emitió el jueves una decisión poco común que involucra los derechos constitucionales sobre las armas y dictaminó que los estadounidenses tienen derecho a portar armas fuera del hogar y en público, en una gran victoria para los defensores de la Segunda Enmienda.

El tribunal superior votó 6-3 para anular una ley de Nueva York que decía que los propietarios de armas deben demostrar la necesidad de portar armas de fuego fuera del hogar.

La corte se dividió según líneas ideológicas, con los seis jueces conservadores votando en contra de la ley de Nueva York y los tres jueces progresistas votando a favor de defender el estatuto de seguridad de armas.

Escribiendo para la mayoría, el juez asociado Clarence Thomas dijo que la ley de Nueva York va demasiado lejos al restringir la posesión legal de armas de fuego y dijo que viola la Segunda Enmienda de la Constitución de los EE. UU.

"Debido a que el estado de Nueva York emite licencias de transporte público solo cuando un solicitante demuestra una necesidad especial de defensa propia, concluimos que el régimen de licencias del estado viola la Constitución", escribió Thomas en el fallo.

Los jueces conservadores Samuel Alito y Amy Coney Barrett escribieron opiniones concurrentes y el juez Stephen Breyer , quien se jubila al final del mandato actual, escribió una opinión disidente.

Una defensa clara de la libertad, de la autodefensa, también frente a la arbitrariedad y la opresión del propio Gobierno.

La Corte Suprema dictamina que orar en público es libertad de expresión

La Corte Suprema emitió el lunes un fallo que confirma el derecho de la Primera Enmienda a la libertad de expresión con respecto a la oración. El Tribunal falló a favor de un entrenador de fútbol americano de secundaria a quien se le dijo que no debía orar en el campo después del partido en el caso de *Kennedy contra el distrito escolar de Bremerton.*

El fallo de 6-3 determinó que el distrito escolar en 2015 violó los derechos del entrenador a la libertad de expresión cuando le prohibieron orar en el campo, y ese entrenador posteriormente perdió su trabajo por el asunto. La opinión de la mayoría fue escrita por el juez Neil Gorsuch, a quien se unió el presidente del Tribunal Supremo Roberts, junto con los jueces Clarence Thomas, Samuel Alito y Amy Coney Barrett. El juez Brett Kavanaugh se unió a la opinión, excepto en lo que respecta a una sección.

El entrenador Joseph Kennedy había perdido su trabajo como entrenador porque se arrodillaba en el mediocampo después de los juegos para ofrecer una oración, generalmente de unos 30 segundos. El despido se debió a que el distrito escolar de Bremerton creía que permitir que Kennedy orara indicaría que respaldaban sus creencias religiosas. Sin embargo, Gorsuch escribió: "Ese razonamiento fue erróneo. Tanto las cláusulas de libre ejercicio como las de libertad de expresión de la Primera Enmienda protegen expresiones como la del Sr. Kennedy".Si bien al principio Kennedy ofreció la oración por su cuenta, con el tiempo, los estudiantes jugadores se unieron a él. Cuando los atletas le preguntaron si podían acompañarlo, Kennedy les dijo "este es un país libre, pueden hacer lo que quieran". Y así lo hicieron. Kennedy sirvió en la escuela durante siete años antes de que hubiera algún problema o queja con sus oraciones en el campo o en el vestuario, que habían sido parte de la cultura escolar.La carta a Kennedy incluía declaraciones de la escuela de que Kennedy había violado la "Cláusula de Establecimiento". Gorsuch escribe que "Tampoco una comprensión adecuada de la Cláusula de Establecimiento de la Enmienda requiere que el gobierno señale el discurso religioso privado para desaprobación especial. La Constitución y lo mejor de nuestras tradiciones aconsejan respeto mutuo y tolerancia, no censura y supresión, para religiosos y no religiosos". puntos de vista iguales".Después de que Kennedy recibió la carta, cumplió con sus términos, que incluían dejar de hacer referencia a sus creencias religiosas en los discursos de motivación, dejar de ofrecer oraciones en el vestuario y renunciar al mediocampo, las oraciones posteriores al juego. Sin embargo, para Kennedy, esto se volvió muy difícil y sintió que había "roto su compromiso con Dios" al abandonar la práctica. Se opuso a la escuela por esta restricción y pidió que se le permitiera ofrecer su propia oración.La escuela se negó a hacer concesiones, diciendo que Kennedy no parecía respaldar la oración mientras estaba de servicio como entrenador pagado por el distrito escolar. Kennedy continuó orando, a menudo esperando hasta que los jugadores estuvieran ocupados en otra cosa o fuera del campo. Pero los jugadores continuaron uniéndose a él en oración.La escuela quería que Kennedy ocultara su fe, pero el tribunal declaró que esto era una violación.

El despertar de las jornadas de "antorchas y horcas" y los ajusticiamientos por el genocidio, de los niños

¡Ay de los criminales y genocidas, están pronto el día de pagar por sus horribles fechorías! Las jornadas de antorchas y horcas van a tener lugar, más pronto que tarde. Las guillotinas y las horcas están organizándose y la ira de los pueblos serán incontenible, y será sin piedad como no han tenido ellos, persiguiendo, primero, el mayor número de muertos entre los ancianos y luego extendiendo la mortandad en todos los grupos de edades, hasta cebarse con las embarazadas y con los bebés más tiernos, que ahora padecen una plaga de hepatitis o mueren de muerte súbita. El mundo ha despertado ya y la justicia sobre los autores intelectuales y los sicarios de la matanza está muy próxima.

Anthony Fauci.

Despertó Canadá que parecía aprisionada por el diablo y que iba derecha a la esclavitud, con los heroicos camioneros, agradecimiento y elogio sin medida a su ejemplo de heroísmo. Y ha despertado Estados Unidos en el que en 25 Estados mandan los patriotas, que están seriamente confrontados con los globalistas, y les rechinan los dientes ante las mentiras de Bill Gates y Anthony Fauci, Caen con estrépito las empresas globalistas que han participado en la mentira. Caen la CNN, Disney, Meta y Netflix. Sportfy no renovará el acuerdo para seguir compartiendo los podcast de los Obama. Es preciso no ser ciegos y ver la señales de que están pasando muchas cosas, todas positivas.

Estados Unidos está polarizado. La verdad es conocida, sabida y levanta indignación. En USA, donde la mortandad ha aumentado un 1.100% en las Fuerzas Armadas y se espera que se vaya al 5.000%, donde la población negra está siendo diezmada, donde los sacrificios humanos al diablo se han cebado en los bebés, hay medios de comunicación independientes que informan de la verdad, la sanidad no es estatal con lo que la mayoría de médicos se han rebelado contra la asquerosa mentira. Allí es de dominio público los 1.538 efectos adversos o perversos de a inyección letal de Pfizer comunicados a la FDA y que está ha tenido que hacer públicos por mandato de un heroico juez federal de Texas. Allí ya se conoce que las malditas inyecciones letales tienen muchas similitudes con el veneno de la cobra real y que el coronavirus fue "inventado" y patentado por Moderna.

Allí en Estados Unidos y Canadá el psicópata genocida de Bill Gates no puede pisar la calle porque en Vancouver, el maldito tullido, ha sido rodeado por la multitud que gritaba "¡arrestad de inmediato a Gates!", ante la cobardía del personaje malformado. Allí empezó el globalismo y allí acabará en un baño de sangre globalista. Las elecciones de noviembre se presentan decisiva, con un sobón y demente y criminal Joe Biden en mínimos de aceptación, con el fraude electoral clamoroso ya evidente para todos, con sus apoyos globalistas viniéndose abajo. Esas elecciones marcarán un antes y un después en el rearme moral de Estados Unidos y en la exigencia de responsabilidades respecto al genocidio perpetrado por los satánicos globalistas y el diabólico partido demócrata.

Luego llegará la ola salvadora y justiciera a Europa, imparable, liberadora; a España, con el Gobierno y cacicato ante la justicia. Jornadas gloriosas de antorchas y horcas iluminarán las tinieblas en que está sumido el viejo continente.

www.ingramcontent.com/pod-product-compliance
Lightning Source LLC
Chambersburg PA
CBHW081201280526
45789CB00006B/2265